Marcel Müller

Gruss aus Thun

Thun auf alten Ansichtskarten um die Jahrhundertwende

Marcel Müller

GRUSS AUS THUN

Thun auf alten Ansichtskarten um die Jahrhundertwende

106 Karten, davon 16 vierfarbig und
90 schwarzweiss

Auswahl von 106 Karten aus der Sammlung
von Marcel Müller, Verkehrssekretär
Historisch überprüft
von Dr. J. Keller, Stadtarchivar

ISBN 3-7225-6878-1
© 1984, Ott Verlag, Thun
Alle Rechte, auch die des auszugsweisen Nach-
drucks, der photomechanischen Wiedergabe,
der Übertragung in Bildstreifen und der Über-
setzung, vorbehalten.
Printed in Switzerland.
Schwarzweiss- und Farblithos
Vario-Litho Fleck, St. Gallen
Gestaltung, Satz und Druck
Ott Verlag + Druck AG, Thun

Geleitwort

Bücher und Publikationen zu verschiedensten Thuner Themen, die sogenannten Thunensia, erscheinen keineswegs in gleichmässigen Zeitabständen. Vielmehr wechseln Zeiten, in welchen kaum eine Neuerscheinung zu notieren ist, mit Jahren ab, in denen gleichsam eine neue Publikation der anderen die Hand reicht. 1964 etwa, im Zeichen des Handfeste-Jubiläums, war ein Jahr, in dem verschiedene neue Thunensia vermerkt werden konnten, während für die Jahre nach 1970 eher das Gegenteil zutraf. Seit 1980 scheint nun allerdings wieder eine Hochblüte von Druckwerken, die Thun betreffen, zu herrschen: Zahlreich sind die Neuerscheinungen, die in den letzten Jahren erschienen sind. Für den historisch Interessierten ist es erfreulich, dass sich unter diesen Thunensia auch solche befinden, die ein geschichtliches Thema behandeln. Zu erwähnen sind beispielsweise ein Abriss zur Thuner Geschichte, ein Band mit zahlreichen Photographien vom alten Thun sowie eine Publikation, die sich mit den Thuner Vedutenmalern von ehedem befasst. Und eben in diese Reihe von geschichtlichen Werken reiht sich nun das hier vorliegende Werk von Marcel Müller sinnvoll und harmonisch ein. Ein weiterer Mosaikstein im Schriftgut über Thun wurde gesetzt. Der Leser des nun vorliegenden Buches wird sich ohne Zweifel zuerst einmal dem optischen Betrachtungsgenuss hingeben. Nachher aber mag ihm empfohlen sein, zwei Fragen nachzugehen, die im Raum stehen. Zum einen, den Kriterien nachzuspüren, die ein Thuner Sujet als würdig für eine Postkarte erwiesen haben – oder gegebenenfalls eben nicht. Und zum anderen ist es allemal lohnend, den Vergleich einer bildlichen Darstellung eines Gebäudes oder einer Landschaft auf einer Postkarte, auf einer alten Photographie und auf einer gestochenen oder gemalten Vedute anzustellen. In diesem Sinne wünsche ich dem Buch von Marcel Müller einen interessierten und grossen Leserkreis.

Dr. J. Keller, Stadtarchivar
Thun, im November 1984

Vorwort

Sammeln: Das älteste Hobby der Menschheit. Trotz des stetig wachsenden Freizeitangebotes gehört das Sammeln auch heute noch zu den beliebtesten Hobbys. Dieser urmenschliche Trieb hat sich bis in die heutige Zeit erhalten. Es gibt wohl kaum einen Menschen, der nicht irgendwelche Objekte sammelt und mit Leidenschaft nach Ergänzungen für seine persönliche Sammlung Ausschau hält. Das Thema Sammeln ist unerschöpflich. Dieser Bildband ist durch langjähriges Sammeln von Thuner Ansichtskarten entstanden. Es ist nicht möglich, eine vollständige Sammlung anzubieten, gibt es doch weit über tausend mir bekannte Ansichtskartenmotive von Thun zur Zeit der Jahrhundertwende.
Bis zum Jahre 1905 durfte die Rückseite der Ansichtskarte nur für die Adresse benützt werden. Darum ist die Vorderseite (Bildseite) teilweise mit originellen Texten beschrieben worden.
Die Arbeiten zur Herstellung der Lithokarten, das heisst verschiedene Farbsteine herstellen – für jede gewünschte Farbe einen (die immer vollkommenere Technik brachte es schliesslich auf 16 verschiedene Farben) –, erforderten hohen manuellen Arbeitsaufwand, der heute nicht mehr bezahlt werden könnte. Deshalb wurden die Drucktechniken immer einfacher, maschineller, aber von der künstlerischen Seite her minderwertiger. Die kurzen Textlegenden bei den Abbildungen sollen mithelfen, alte Erinnerungen aufzufrischen und als Stütze beim Studium der Karten dienen.
Möge Ihnen die «bildliche» Wanderung durch unsere schöne Stadt Thun viel Freude bereiten und ein Andenken von bleibendem Wert vermitteln. Danken möchte ich allen, die mitgeholfen haben, diesen Bildband zu verwirklichen.

Gewidmet dem Verkehrsverein Thun
im November 1984

Der Autor:
Marcel Müller, Verkehrssekretär

Geschichte der Ansichtskarten

Im Jahre 1865 unterbreitete der deutsche Oberpostrat Heinrich von Stephan dem Generalpostamt einen Vorschlag zur Schaffung einer offen zu befördernden Karte für handschriftliche Mitteilungen, die er als «Postblatt» bezeichnete. Drei Jahre später regte der Wiener Nationalökonomieprofessor Dr. Emanuel Hermann in einem Zeitungsartikel die Einführung sogenannter Korrespondenzkarten an. Er vertrat dabei die Auffassung, dass bei einer kurzen Mitteilung die Kosten wie für einen Brief zu hoch seien. Der damalige österreichische Generalpost- und Telegraphendirektor Freiherr von Maly erkannte sofort die Nützlichkeit und das Praktische dieser Idee und setzte sich für deren Realisierung ein. Am 1. Oktober 1869 wurden in Österreich die ersten «Correspondenzkarten» ausgegeben.

In der Schweiz reagierte man beinahe unschweizerisch schnell. Bereits im Juli 1870 beschlossen die eidgenössischen Räte auch für unser Land die Einführung der «Correspondenzkarten», die am 1. Oktober, also genau ein Jahr nach der Weltpremiere, an die schweizerischen Postschalter kamen. Der Karton war weiss und hatte eine gezackte Umrandung. Die zweisprachige Inschrift auf der Adressenseite umfasste sieben Zeilen. Den Druck dieser allerersten schweizerischen Postkarte besorgte die Eidgenössische Münzstätte.

Von der «Correspondenzkarte» zur Ansichtspostkarte war nur ein kleiner Schritt. Er erfolgte denn auch sehr rasch, im Deutsch-Französischen Krieg von 1870/71. Erfinder der Ansichtspostkarte ist der Oldenburger Buchhändler A. Schwartz. Am 1. Juli 1870 wurde auch im Gebiet des Norddeutschen Bundes die «Correspondenzkarte» eingeführt. Etwa 14 Tage später erfolgte die Mobilmachung gegen Frankreich, und Schwartz schrieb die erste, mit einer bildlichen Darstellung versehene Karte, die er «Bilderpostkarte» nannte.

Zum Handelsartikel wurde die Bilderpostkarte allerdings erst nach 1875, als Schwartz in grösserer Zahl illustrierte Postkarten herzustellen begann. Dabei zeigte sich, dass im Publikum ein weitverbreitetes Bedürfnis bestand, dem Korrespondenzempfänger die Örtlichkeit, an der man sich gerade befand, auch im Bilde zu zeigen. So entstanden die Ansichtskarten.

Neben dem Stahlstich dienten in den Anfängen auch die Xylographie (Holzstich) und später die Lithographie (Steindruck). Die photographische Wiedergabe hingegen war noch unvollkommen und zu kostspielig, eine mechanische Massenproduktion vor 1880 zudem unmöglich. Erst die Fortschritte der photochemischen Technik erlaubten allmählich immer vorzüglichere originalgetreue Wiedergaben der photographischen Ansichten von Städten, Dörfern und Landschaften. Das Publikum wurde nun anspruchsvoller, und die künstlerische Ausgestaltung der Karten musste weiter entwickelt werden. Der Lichtdruck wurde hinzugezogen und schliesslich der zu hoher Vervollkommnung gelangte Dreifarbendruck.

Im Siegeszug der Bilderpostkarte gab es nun kein Halten mehr. Zwischen 1895 und 1914 entstand eine eigentliche Karteneuphorie. Nach Angaben des Internationalen Statistischen Büros in Bern von 1903 wuchsen die Produktionszahlen der Ansichtskarten kometenhaft, in Deutschland beispielsweise, das damals führend war, von 88 Millionen im Jahre 1899 auf über 1013 Millionen im Jahr 1903. In der Schweiz belief sich der Kartenverbrauch 1901 auf 43 Millionen, darunter 22 Millionen Ansichtskarten. Es gab in unserem Lande sogar drei Fachzeitschriften: die «Schweizerische Postkarten-Zeitung», die «Schweizer Post» aus Dübendorf und der «Ansichtskarten-Sport», der allerdings bereits nach drei Nummern wieder einging. Die Dachorganisation der Sammler war der Schweizerische Centralverein für Ansichtskartensammler.

Mit der Ansichtskarte begann (neben den Illustrationen in Zeitungen und Zeitschriften, die zu gleicher Zeit aufkamen) das optische Zeitalter. Viel Ortsansichten auf Ansichtskarten stellen heute für uns kostbare und – beispielsweise für die Denkmalpflege – fast unentbehrliche Dokumente dar. Man muss sich vergegenwärtigen, dass zwischen den Stahlstichen des neunzehnten Jahrhunderts und der Entwicklung der Photographie zur populären Freizeitbeschäftigung ein Zeitraum von rund fünfzig Jahren liegt, für den die Ansichtskarten vielfach unsere einzige Bildquelle sind.

Thun – das Tor zum Berner Oberland präsentierte sich verschiedenartig mit all seinen Eigentümlichkeiten. Phantasievolle Photomontage mit 18 verschiedenen Ansichten um die Jahrhundertwende.

Lithokarte, abgeschickt 1897 an eine Familie Göh[ler] in Böhmen. Unsere Stadt war zum Reiseziel gewo[r]den und davon musste man seinen Angehörigen und Freunden berichten.

Die überwältigende Aussicht vom Südturm des Schlosses auf See und Hochgebirge. Vor allem die fremden Gäste waren seit jeher gefesselt vom grossartigen und erhabenen Naturbild.

Thun und die Alpen

Indicationen für Thun als Kurort.

1. Uebergangsstation vor und nach Aufenthalt in den Höhenkurorten und in den Bädern von Weissenburg, Lenk, Heustrich, Faulensee, Gurnigel, Grimmialp usw.
2. Convalescenz nach schweren Krankheiten jeder Art.
3. Schwächliche Konstitution, Blutarmut.
4. Katarrhe der Atmungsorgane. Ueberreste von Brustfellentzündungen usw.
5. Allgemeine Nervosität.

Auf einer anmutigen Felsrippe stand das Bächihölzli und das damals moderne Schloss Chartreuse, das oberhalb der alten vom Kartäuser Kloster Torberg herstammenden Kartause erbaut wurde.

Die „Chartreuse" bei Thun

Blick von der Bächimatte zur Schadau. Noch ist der Vorgängerbau des heutigen Schlosses zu sehen. Alt-Thun, nach einer Zeichnung von J. J. Wetsel.

Das Schloss Schadau wurde für Alfred de Rougemont von 1848–1852 in der Architektur des Historismus erbaut. Gegenwärtig (1984) wird die Fassade des Schlosses mit grossem Aufwand restauriert.

Thun - Schloss Schadau

Ein gemütlicher Spazierweg führt von Thun über Hofstetten nach der Bächimatte und mit dem Schiff hinüber nach Scherzligen. Im Hintergrund die Scherzligen-Kirche, die im Jahr 762 erstmals urkundlich erwähnt wurde. Auf dem Bild das Dampfschiff Bubenberg, vom Bahnhof Scherzligen herkommend.

Scherzligen bei Thun

Ansicht vom Bahnhof Scherzligen, der neben dem alten Thuner Bahnhof (beim heutigen Güterbahnhof) bis zum Bau des neuen Zentralbahnhofes existierte. Die Züge der Centralbahn, von Bern kommend, fuhren hier ein. Ebenfalls hier wurde auf die Schiffskurse nach Interlaken umgestiegen. Ab 1913 fuhren elektrische Züge über Spiez durch den Lötschberg weiter. Die Billettpreise waren im Verkehrsbüro, am Bahnhof und in den meisten Fahrplänen angegeben.

Rechts der Bahnhof Scherzligen mit Geleiseanschlüssen und die Schiffstation. Die Schiffzufahrt durch den Kanal zum heutigen Bahnhof konnte erst im Jahre 1926 eingeweiht werden. Für das Tragen von Handgepäck zwischen Eisenbahnwagen und Dampfschiff konnte ein Dienstmann für 20 Rappen engagiert werden.

DS Helvetia II
1½-Deck-Halbsalon-Dampfer mit Seitenradantrieb.
750 Personen konnten mitfahren und sich einer
herrlichen Dampferfahrt erfreuen. Sie wurden von
7 Mann Besatzung betreut. Im Vordergrund ein mit
Getreidesäcken beladener Bock.

DS Blümlisalp
2-Deck-Salondampfer mit Seitenradantrieb. 1000 Personen konnten mit 26 km/h eine Fahrt auf dem damals schnellsten Raddampfer des Thunersees geniessen. (Hoffentlich ist das bald wieder möglich mit der restaurierten Blümlisalp.)
Im Hintergrund das ehemalige Gasthaus «Obere Wart».

Im Biergarten an der Hofstettenstrasse wurde das einheimische Feller-Bier serviert. Hier verkehrte während seinen Thun-Aufenthalten in den Sommern von 1886–1888 auch Johannes Brahms.

Das ehemalige Bahnhofbuffet in Scherzligen. Rechts davon das Kleisthaus auf dem Inseli. Die Obere Wart war noch nicht vom Bau-Boom erfasst. Deutlich kann man das Jakobshübeli sehen, den vorzüglichen Aussichtspunkt der Stadt.

DS Stadt Bern
an der Hofstetten-Ländte. Das Ländtehaus und der alte Kursaal ergänzen den Einblick in das damalige Touristenzentrum. Das bevorzugte Hotelquartier Hofstetten zeichnete sich im weiteren durch prächtige Gärten mit herrlich duftenden Bäumen aus.

Die Hotelgesellschaft Thunerhof und Bellevue liess 1895 diesen vornehmlich aus Holz bestehenden Kursaal bauen. Im Kursaal befand sich eine offene Veranda, ein Konzertpavillon, ein Spiel- und Theatersaal sowie das Lesezimmer. Umbau in den Jahren 1957 und 1963.

Das Berner Trachtenmeitschi posierte für eine Werbekarte des Hotels Thunerhof, der am 1. Juni 1875 feierlich eröffnet wurde. Hier übernachteten zahlreiche prominente Gäste aus nah und fern. Heute ist die Stadtverwaltung, die Stadtbibliothek und das Kunstmuseum darin untergebracht.

Der Speisesaal des Hotels Thunerhof vor dem Ersten Weltkrieg. Diese Karte wurde von einem englischen Gast an eine Freundin nach Brockenharst in England geschickt. Mit einem Kreis versehen ist der Tisch, an welchem der Gast sass. Beschrieben wird, dass sich etwa 40 Gäste im Hotel befanden und von 5 Köchen in weissen Hüten mit gutem Essen verwöhnt wurden.

Attraktive Werbekarte vom Hotel und der Pension Beau-Rivage, ebenfalls im Fremdenquartier Hofstetten gelegen. Der Kursaal wurde ins rechte Licht gerückt und ebenfalls Schloss und Kirche am linken Bildrand montiert. Wahrlich ein wunderschöner Ort für ruhige und erholsame Ferien.

Hôtel & Pension Beau-Rivage, Thoune.

OSCAR HOPF, THUN

Gruss aus Thun nach Stuttgart. Die Korrespondenz durfte nur auf der Vorderseite geführt werden. Die Rückseite der Karte war damals ausschliesslich für die Adresse des Empfängers und die Frankatur reserviert. Ansicht der Schiffländte beim Freienhof und der Kaserne.

Werbekarte von R. Gartenmann mit Text: Thun et Hofstetten, Confiserie & Patisserie Beau-Rivage, Restaurant, Salon de Rafraichîssements, American-Drinks. In einem solch hübschen Lokal liess sich gemütlich verweilen, finden Sie nicht auch?

Umzug durch die Hofstettenstrasse. Ansichtskarte vom bekannten Thuner Photographen J. Moeglé. Solche Ansichtskarten ohne Eindruck von Thun kommen von Ansichtskartenhändlern ausserhalb Thuns nur spärlich zurück, ausser der Abgangsstempel der damaligen Thuner Poststelle biete sich als Identifikation an oder die Karte ist wie die vorliegende mit dem Stempel des Photographen versehen.

Hofstettenquartier, Bächimatte. Karte um 1920 mit Sicht zur Oberen Wart. Bevorzugte Wohnlage mit Villenquartier.

Im Fremdenführer von 1914 des Verkehrsvereins Thun ist zu lesen:
Römisch-katholischer Gottesdienst in Hofstetten.
Sonn- und Feiertage 7.30 Uhr
9.30 Uhr Hochamt mit Predigt
14.15 Uhr Gottesdienst mit Segen
Wochentage Heilige Messe um 7.30 Uhr.
Die Kirche wurde 1893 erbaut und 1953 durch die Marienkirche ersetzt.

Karte um 1900 gesandt nach Liège in Belgien. Bemerkenswert ist das Vorhandensein des Turms in der Mitte. Die meisten Ansichtskarten entstanden nach 1896, dem Jahr des Abbruchs des Badstuben-, Pulver-, Schwarzen-, Wasser-, Folter- oder Keibenturms, wie auch immer der Volksmund den Turm nannte.

Hier teilt sich unser Stadtfluss, die Aare, in die Äussere und Innere Aare. Die Schleusenbrücke regelt den Abfluss aus dem Thunersee. Ein Raddampfer legt bei der Freienhof-Ländte an. Bemerkenswert der schöne Waldgarten beim Freienhof.

Die Halle des Hotel Bellevue. Hier sassen zur Blütezeit des Hotels Exzellenzen, Eminenzen, Grafen, Minister, Prinzen, Generäle, Barone, Ladies und Sirs und sonstige Prominenz. Die werbeverantwortlichen Thuner setzten alles daran, für einen klimatisch milden Kurort zu werben.

Vor der Hotelzeit mieteten sich die Fremden in Privathäusern ein. Die initiativen Gebrüder Knechtenhofer liessen um 1830 einen stilvollen Landsitz errichten, der 1834 als Hotel Bellevue eröffnet wurde. Dies war der erste Höhepunkt des eigentlichen Fremdenverkehrs in unserer Stadt. Das Hotel hatte eine Dependance für Konzerte und umfasste später weitere Gebäude, also ein richtiges Fremdenzentrum.

Hotels Bellevue et du Parc
Miss Earle	England
Miss Gosling	London
Hr Major Scabell	Berlin
Frau Major Scabell geb Freiin v. Hoffman	Berlin
Mrs and Miss Forbes	Scotland
Miss Macrae	Scotland
Mr G. Castelli, Hotelier	Rome
Mlle Gerda Hellberg	Rome
Rev. C. N. Williams	Watford
General A. Brown	Baltimore
Mrs and Miss Brown	"
Miss Freeman	England
Mr and Mrs H. A. Perry	Cairo
Mr W. Perry	"
Mr C C Perry	London

Auf der linken Seite beim Lauitor steht das Haus des En-gros-Futtermittelgeschäfts Hofer, in dem sich ebenfalls die Praxis des Zahnarztes R. Siegrist befand. In der Mitte die Kutsche des Hotels Baumgarten Viktoria. Hier begann die Obere Hauptgasse mit den vielen Geschäften. Knapp wurde der Raum auf der Strasse erst, als 1913 die erste Strassenbahn durchfuhr.

Der Luisenhof rechts und in der Mitte ein Eckturm der Schlossbefestigung beim ehemaligen Friedhof. Die Strasse war weder geteert noch gepflastert und demnach entsprechend dreckig und staubig.

8718 Thun - Luisenhof mit Kirche

Prächtige Lithokarte vom Lithographen C. Steinmann. Herausgegeben im Lithoverlag H. Schlumpf, Winterthur. Der Künstler C. Steinmann schuf ganze Serien von Ansichtskarten im Auftrage der Firma. Damit liess sich für den klimatischen Kurort Thun bestens werben.

Lithokarte des Künstlers C. Steinmann. In Thun standen zur Zeit dieser Ansichtskarte (um 1900) 1200 Fremdenbetten (1984 noch die Hälfte davon) zur Aufnahme der Gäste bereit und wurden bescheidenen oder höchsten Ansprüchen an Komfort gerecht.

Aufnahme vom Schlossberg von der Lauenen her. Die erste Kirche stand schon im 10. Jahrhundert am gleichen Ort. 1738 wurde die Stadtkirche neu erbaut. Der erneuerte Kirchturm stammt aus dem 14. Jahrhundert.

Werbekarte des Hotels Viktoria Baumgarten, des alten erstklassigen Familienhotels der Familie Burkhalter, inmitten eines Parks von 20 000 m^2 Fläche. Schöner Garten und direkter Zugang bei der Hofstettenstrasse zum Tram. 80 komfortable Zimmer, Lift, Billard, Kinderspielplatz und Portier zum Bahnhof standen den Gästen zur Verfügung.

Lithokarte. Das Seefeld war noch nicht überbaut. Thun präsentierte sich als grüne Kleinstadt mit dem Geschäftszentrum in der Oberen Hauptgasse. Es wurde lange zugewartet, aber im Seefeld hatte niemand Lust, Gasthöfe und Pensionen zu errichten.

Gruss aus Thun vom Schlossberg, von der Altstadt, vom Kursaal und vom Dampfschiff. Der Empfänger dieser schönen Lithoansicht bewahrte die Karte als Andenken auf, weil er nie die liebliche Lage, die gastfreundlichen Bewohner und die herrliche Umgebung Thuns vergessen wollte.

Auf dieser Karte stimmt nicht alles, lieber Betrachter. Der Kartenempfänger in Nizza (Frankreich) jedenfalls musste glauben, dass Kirche und Schloss in Thun durch die Aare getrennt seien. Ich glaube, dass kaum jemand unsere Stadt jemals so gesehen hat. Eine nicht wahrheitsgetreue, aber originelle Photomontage.

Thun

Es gab noch keine weitverbreiteten Telefonanschlüsse, deshalb schickte die Familie Zbinden ihrem Weinlieferanten diese hübsche Neujahrskarte im Jugendstil. Dieser Brauch hat sich ja zum Teil bis heute erhalten.

Thun gehörte offensichtlich zur Eidgenossenschaft. Diese Prägekarte wurde von einem Rekruten der Eidg. Militärschule nach Hause nach St. Urban (Kanton Luzern) geschickt. Thun hatte deshalb so viele Sujets von Ansichtskarten, weil sich neben den Fremden auch zahlreiche Militärpersonen zum Schreiben inspirieren liessen.

Wirklich ein schönes «Souvenir de Thoune». Wer nie in Thun war, dem fehlte eines der markantesten und schönsten Bilder der an Sehenswürdigkeiten so reichen Schweiz. Deutlich wird hier, warum Thun das Eingangstor zum Berner Oberland genannt wird.

Wintersport in Thun?
Natürlich, denn es führten lange Schlittelwege auf den Fahrstrassen von Goldiwil und Homberg die Schlittelfreudigen zu Tal. Auf dem Bild der Aufstieg zum Schlitteln durch die Goldiwilstrasse. Die Fahrstrasse links führt nach Steffisburg.

Schlitteln bei der katholischen Kirche im Hintergrund. Der am 22. Dezember 1894 konstituierte Verkehrs- und Kurverein setzte sich von Anfang an für die Hebung Thuns als Sommer- und Winterkurort ein. Die diversen Wintersportarten setzten sich aber nie entscheidend durch.

Gruss aus Thun im Winter. Seltene Litho-Ansichtskarte aus der Kunstverlagsanstalt Metz in Basel. Winteransichten sind auch heute wie vor 80 Jahren sehr schwer zu erhalten. Thun präsentierte sich seit jeher vorwiegend als Sommerkurort.

48

Schlittschuhlaufen auf einem abgedämmten Seitenarm der Aare, zwischen den rauhreifgeschmückten Anlagen der Inselchen und der Scherzligpromenade. Die Eisbahn wurde während der Gefrierzeit im Winter rege von der Thuner Bevölkerung benützt.

Das Bezirkskrankenhaus

Am 30. November 1873 fand die Einweihung statt, an der jung und alt teilnahmen. Die finanziellen Mittel wurden zum grössten Teil durch Sammlungen und Spenden aufgebracht. 1889 folgte im oberen Stock ein Operationsraum.

Im Hintergrund der Brändlisberg, ehemalige Anbaufläche für Thuner Wein.

Bezirkskrankenhaus Thun d. 12. Mai

Das Bezirksspital
Die grosse Erweiterung zum Bezirkspital mit 120 Betten folgte im Jahre 1912. Nebst den regelmässigen Zuschüssen der umliegenden Gemeinden war das Spital weiterhin auf die Barmherzigkeit der Bevölkerung angewiesen. Auf der Karte hat ein Patient sein Zimmer mit einem Pfeil markiert und im Text informierte er seine Bekannten am Zürichsee über seine baldige Genesung.

Gasthof Sädel
Auf der Rückseite der Karte steht ein Kartengruss von einer Hauptversammlung in der Sädelstube an einen verhinderten Kameraden. An dieser Stelle steht heute das Hotel Elite.

Thun - Gasthof Sädel

Hotel Emmenthal mit Gartenwirtschaft und deutscher und französischer Kegelbahn. Auf dem Bild ein regelmässiger Postautokurs. Für Privatautomobile waren zur Zeit dieser Ansicht die Strassen zum Teil gesperrt, z.B. Strasse Thun nach Heiligenschwendi, Hombergstrasse, Rufeli-Hilterfingen-Oberhofenstrasse.

Verzeichnis
der Hotels und Pensionen, die dem Verkehrsverein Thun angehören:

Thun	Grand Hotel Thunerhof	200 Betten
"	Hotels Bellevue et du Parc	130 "
"	Pension Itten	120 "
"	Hotels Baumgarten u. Victoria	110 "
"	Hotel Beau-Rivage	90 "
"	" Falken	70 "
"	" Freienhof	50 "
"	Hotels Schweizerhof u. Löwen	45 "
"	Pension Jungfrau	32 "
"	Hotel Kreuz	30 "
"	" Krone	30 "
Thun	Hotel Bären	20 Betten
"	" Emmental	18 "
"	Pension Maison Rose	15 "
"	Bad-, Licht- und Wasserheilanstalt „Alpenblick"	15 "
Hünibach b. Thun Pension Hünibach		15 "
Goldiwil	Hotel Jungfrau	56 "
"	Hotel & Pension Waldpark	45 "
"	Hotel & Pension Blümlisalp	40 "
Hartlisberg	Kurhaus	50 "
Blumenstein	Bad Blumenstein	30 "
Hilterfingen	Hotel & Pension Bellevue	60 "
"	Pension Hilterfingen	50 "
Oberhofen	Hotel & Pension Victoria	100 "
"	Pension Moy	90 "
"	Hotel & Pension Bären	15 "
Gunten	Hotel du Lac	35 "
Spiez	Pension Erica	35 "

Das Knabenschützenhaus
Das ursprüngliche Haus wurde 1583 neu erbaut. Im Keller befand sich die Weinhandlung Godall mit leeren Weinfässern auf dem Mauervorsprung. Die im 19. Jahrhundert verbreiterte Burgstrasse war ein Begegnungsort und wie auf der Ansicht ein Kindertreffpunkt.

Ehemaliges Zollhäuschen und Polizeiposten beim Berntor
Dominiert wird diese Ansicht vom Schloss, davor steht der Chutzen-Turm und links davon der Täntsch, der 1903 durch Beschluss der Kadettenkommission auf 4 Scheiben erweitert wurde.

Ansicht von der Aare her auf die Unterstadt
Dieses Sujet wurde früher sehr oft auf Veduten dargestellt.

Thun und die Aare
C. P. N. 499

Thoune et l'Aar

Die Aarefälle bei der Firma Selve mit dem Aarebad Schwäbis, das 1984 seine 100jährige Zugehörigkeit zur Stadt feierte. Die hier ansässige Firma Selve, die 1895 gegründet wurde, produzierte damals ausschliesslich für die eidgenössischen Betriebe. Heute steht an Stelle der Wasserfälle eine Staumauer für die Elektrizitätsversorgung unserer Stadt.

Thun - Schloss mit Aarefälle

Gasthof zum Bären am Sternenplatz
Vor dem Gasthof steht eine wunderschöne Bogenlampe. Neben dem Gasthof zum Bären befand sich die weitherum bekannte Samenhandlung von J. Schweizer. Die Wirtschaft wurde 1947 aufgehoben und anschliessend bis 1968 als alkoholfreier Betrieb weitergeführt.

2612 Thun, Marktgasse und Gerbergasse.

Wöchentlicher Viehmarkt in der Marktgasse vor dem Hintergrund des Waaghauses
Thun als Zentrum der Region mit viel Landwirtschaft war ein wichtiger Handelsort für Schweine, Zuchtstiere, Schlachtvieh und Kälber. Heute sind die Märkte nicht aus dem Stadtbild verschwunden, wurden jedoch an andere Orte in der Stadt verlegt.

Ansicht der Marktgasse. Lange Zeit fand der Viehmarkt auf dem Rathausplatz statt, bis ihn dort die vermehrten Bedürfnisse in die Marktgasse verlegen liessen. Es lag stets im grossen Interesse der Behörden, möglichst viele Käufer und Verkäufer herbeizulocken. Deshalb übernahm der Verkehrsverein die Propaganda für den ersten Zuchtstiermarkt 1921.

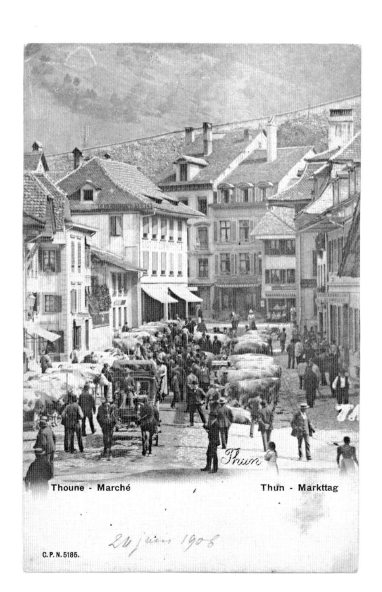

Auf dem Bild in der Unteren Hauptgasse befanden sich die Wirtschaft Rebstöckli und der Gasthof Ochsen, nebst verschiedenen Gemischtwarengeschäften. Geradeaus gelangt man auf den Rathausplatz, und wir sehen von weitem den Treppenturm des Hotels Krone, des früheren Zunfthauses der Bäcker und Müller, das Gesellschaftshaus zur Pfistern also.

1

Dieser Kartengruss vom Geflügelmarkt ging nach Paris. Seit jeher war der Rathausplatz ein Ort der Begegnung.

2652 Thun, Rathausplatz mit Geflügelmarkt.

Rathausplatz mit Sicht zum Schloss. Da wo heute die Stadtpolizei untergebracht ist, befand sich die Firma A. Schaufelberger. Daneben war die Buchdruckerei und Papeterie Eugen Stämpfli mit Verkauf von Ansichtskarten. Damals wie heute wurde der Rathausplatz täglich photographiert.

Die namentlich für die Artillerie bestimmte Kaserne, der sogenannte «Soldatenpalast» und im Vordergrund der Bahnübergang. Eine Kutsche und ein Pferdegespann warten geduldig auf das Vorbeidampfen der Eisenbahn.
Die Schiebe-Gitter blieben öfters am Tage geschlossen und dies änderte sich erst, als die Unterführung der Allmendstrasse gebaut wurde.

Für die fremden Gäste Thuns und Umgebung bot der Markt eine selten günstige Gelegenheit, Sitten und Gebräuche der Einheimischen kennen zu lernen. Die in der Umgebung heimische Heimberger Majolika findet auch heute noch Liebhaber.

Thuner Markt.

Die Obere Hauptgasse gilt als eine der schönsten Gassen Europas. Eine Besonderheit sind die Hochtrottoirs. Als typische Zähringergasse um 1200 mit einer Breite von 15 Metern erbaut, ist sie heute eine der Sehenswürdigkeiten, auf die wir besonders stolz sein dürfen.

Holzhacken in der Oberen Hauptgasse wäre heute undenkbar. Früher wurde hier gelebt, und es war das Zentrum der Stadt, das man für Einkäufe jeden Tag besuchte. Auf der rechten Seite das einzige Haus in diesem Bereich mit einer schönen Laube.

Strasse in Thun

Ehemaliges Zunfthaus zu Schmieden (anno 1437 erstmals urkundlich erwähnt) mit reichen Fassadenmalereien, daneben der Aufstieg über die Treppe zum Schloss.

Sicher ist, dass die Arbeiten der Kupfer- und Stahlstecher, der Maler und natürlich der Ansichtskarten-Photographen und -Lithographen das ihrige dazu beigetragen haben, den Ruhm zu begründen, der unserem Städtchen erblühte.

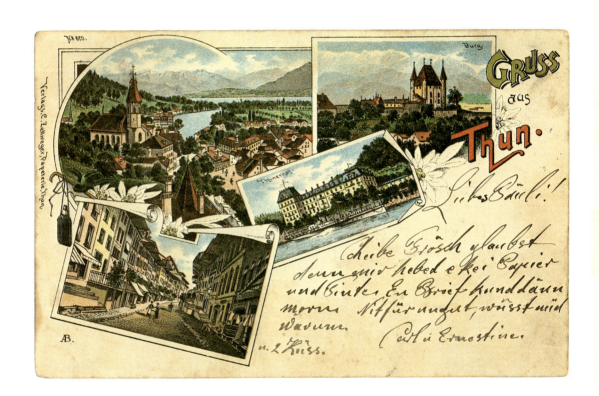

Das ehemalige Gebäude der Firma Gebrüder Loeb, die sich heute an anderer Stelle im Bälliz befindet. Im Vordergrund die Kuhbrücke.

Der Alpaufzug über die Kuhbrücke. Dieser Anlass lockte zahlreiche Zuschauer an. Auch die Gäste auf der Terrasse des Café Frei kamen, um bei dem Ereignis dabei zu sein.

6251. — Thun. — Alpaufzug

Die Bällizstrasse mit dem markanten Postgebäude, bewacht von der Helvetia. Das Bälliz wurde durch die Kyburger in die Befestigungsanlage der Stadt integriert und blieb bis ins 19. Jahrhundert ziemlich unverändert.

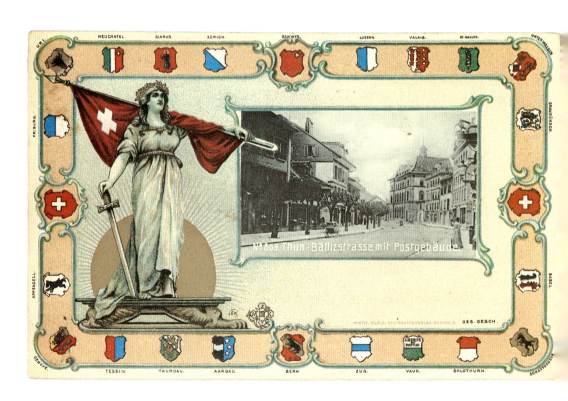

Mit Kanonendonner ergeht ein «Gruss aus Thun» auf dieser originellen Lithokarte. Der Waffenplatz besteht seit 1819 und unzählige Soldaten haben inzwischen Kartengrüsse aus unserer Garnisonstadt an ihre Lieben in der ganzen Schweiz verschickt. Seit jeher bestehen enge Verbindungen zwischen der Stadt Thun und der Armee.

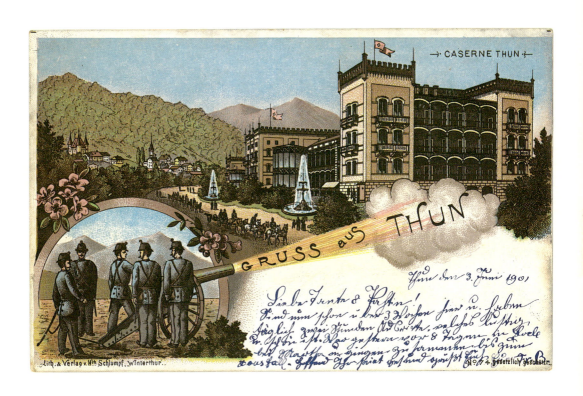

Ehemalige Bahnhofstrasse mit dem ersten Bahnhof von Thun im Hintergrund, erbaut 1859. Links der damalige Gasthof zum Goldenen Löwen, in der Mitte die heute noch bestehende Käsehandlung Gerber und daneben das Gebäude der Kantonalbank.

74

Erstmals 1859 fuhr die damalige Centralbahn von Bern nach Thun. Als Kulisse im Hintergrund die Kaserne, erbaut durch F. W. Kubly im Jahre 1864.

𝔖𝔠𝔥𝔴𝔢𝔦𝔷𝔢𝔯𝔦𝔰𝔠𝔥𝔢 ℭ𝔢𝔫𝔱𝔯𝔞𝔩𝔟𝔞𝔥𝔫.

Buchhalter.

Während zwei Monaten im Jahre 1818 verhandelte die Tagsatzung über die Errichtung einer Eidgenössischen Central-Militärschule. In unserer Stadt fanden sich ideale Voraussetzungen, nicht zuletzt, weil traditionsgemäss ein Gefühl der Verbundenheit mit den Wehrmännern und der Bevölkerung vorhanden war.

Werbekarte der Keramikfirma L. Hahn mit eigenem Museum. Die Thuner Majolika, seit dem 19. Jahrhundert heimisch und durch das ungefüge Rohmaterial selbst vor Künsteleien bewahrt, erhebt die einfachsten Gegenstände durch naturgemässe und zweckdienliche Bearbeitung zu Formen, die den Kunstsinn und die Freude am Schönen vollauf befriedigen.

Seltene Hotelwerbekarte
An der ehemaligen Bahnhofstrasse (heutige Gewerbestrasse) befanden sich die vornehmen Hotels Schweizerhof und Goldener Löwen, heute Gebäude Kino Rex.

THUN Hotel „Schweizerhof
b. Bahnhof Hotel z. „Gold. Löwen

Gutgeführte Häuser. Schöne, grosse Restaurations- und div. Spe
säle. Anerkannt gute Küche. Münchener und Schweizer Bier. Gar
wirtschaft. Mässige Preise. Portier am Bahnhof. Telephon. Heiz
Zimmer.
Wwe. L. Müller-Studer, Bes

Gruss aus der Speise- und Trinkhalle zum Rütli. Generationen von Soldaten kennen noch dieses Restaurant an der Rütlistrasse. Hier wurden Erfahrungen ausgetauscht, Enttäuschungen begraben und natürlich Kameradschaft gepflegt.

Helvetia mit Schwert und Schild wacht über die Kaserne. Lithoprägekarte mit auswechselbarem Schwarzweiss-Kleinbild.

Grosse Tradition hat das Kadettenwesen. Ab 1863 verfügten die Kadetten über ein Broncegeschütz, ein Geschenk von A. de Rougemont, dem Besitzer der Schadau. Uniform, Bewaffnung und Pulver mussten üblicherweise durch das Korps selbst beschafft werden.

Artillerie der Thuner Kadetten.

Wiederholungskurs der Batterie 37, I. Zug, 1921 in Thun. Der militärische Flugbetrieb auf der Thuner Allmend bestand seit 1915. Zu einem späteren Zeitpunkt sollte der Militärflugplatz Thun sogar zum interkontinentalen Flughafen ausgebaut werden. 1955 wurde auf Druck der Thuner Behörde der Militärflugplatz aufgehoben.

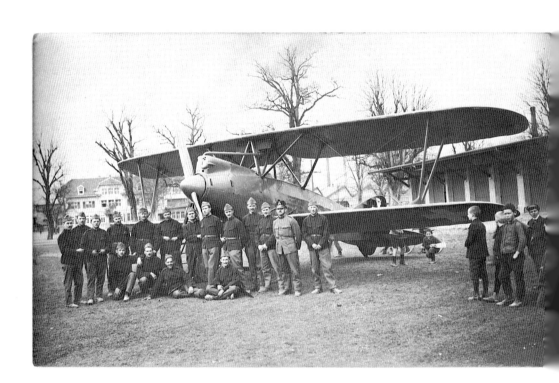

Sogar das Artillerie-Schiessen auf der Allmend störte die Militärpiloten wenig. Es galt die Regelung, im Falle dass geschossen wurde, nach links abzudrehen sei, ansonsten wurde nach rechts geflogen. Die Allmend ist auch seit langem ein bekannter Ort für Flugmeetings.

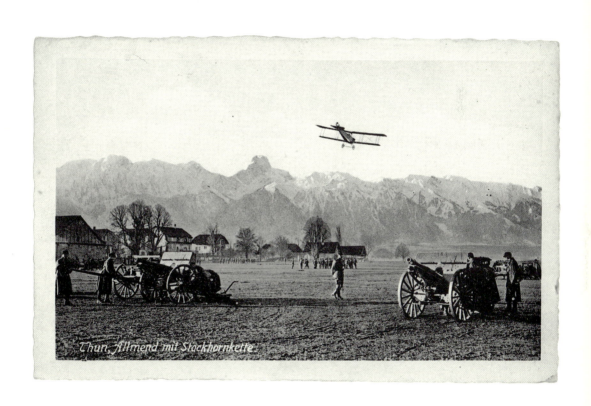

Thun, Allmend mit Stockhornkette.

Im Jahre 1907 wurde mit dieser Festkarte für das Kantonal-bernische Gesangsfest geworben. Diese offizielle Fest-Postkarte wurde von einer Delegation von Sängern aus Lyss am 27. Mai nach Hause geschickt. Deutlich geht aus dem Text hervor, dass bei fröhlicher Feststimmung die Kehlen nicht immer trocken blieben.

Künstlerkarte vom einheimischen W. Engel zum Anlass des Oberländischen Schützenfestes 1914. Die alte Tradition der Schützenfeste gipfelte in Thun, als 1974 die 41. Weltmeisterschaften ausgetragen wurden.

Dem Kantonal-bernischen Turnfest im Juli 1905 diente diese Fest-Postkarte als Werbung und Erinnerung. Natürlich wurde auch kräftig für den Festort selbst geworben, was heute noch gilt. Behörde, Verbände und Verkehrsverein sind stets bemüht, dass Feste in unserer verkehrstechnisch günstig gelegenen Stadt abgehalten werden.

Täglicher Anzeiger, Tagblatt für die Stadt Thun und das Berner Oberland, heutiges Thuner Tagblatt, gegründet 1877. Damals wurden noch amtliche Publikationen gedruckt, die heute der Thuner Amtsanzeiger publiziert. Diese Werbekarte stammt von 1902.

Im Jahre 1899 fand die erste Kantonal-bernische Industrie- und Gewerbe-Ausstellung am Schienenstrang Thun–Scherzligen statt. Es beteiligten sich unter anderem auch der 1878 gegründete Handwerker-Verein. Bei dieser Gelegenheit fand auch ein von Hunderten von Zuschauern bestaunter Umzug statt, der durch die Innenstadt führte.

Zur Ausstellung gehörten nicht nur die Vielzahl der Betriebe, sondern auch eine standesgemässe Bekleidung in Berner Tracht. D's Vreneli vom Thunersee lässt grüssen.

Ausblick von der Progymnasiumterrasse auf die Grünfläche um das ehemalige Waisenhaus. Hier befand sich auch bis in die 50er Jahre die Stadtgrenze.

Gruss aus Thun im Jahre 1904. Diese Ansichtskarte war eine von vielen, herausgegeben durch die Buchhandlung und den Verlag Oskar Hopf, Thun, ein Grossverlag für damalige Thuner Ansichtskarten.

In den Jahren 1887/88 wurde das Historische Museum im Schloss eingerichtet und eröffnet. Die Sammlung gehört heute dem Verein Schlossmuseum Thun und zählt zu den grössten Lokalsammlungen der Schweiz. Damals wie heute eine der Hauptanziehungspunkte unserer Stadt.

Thun - Historisches Museum
C.P.N. 6163.

Der Metzgerball von 1928, aufgenommen vom Thuner Photographen Sollberger. Damals warben noch viele Metzgermeister um die Gunst der Kunden, wie auf dem Bild ersichtlich ist.

Fliegerpostkarte um 1920 aus dem Verlag Mittelholzer in Zürich. Deutlich sind in der linken Bildhälfte die Konturen der Flügel ersichtlich.

Idylle um die Jahrhundertwende im Bälliz. Keine Autos, keine heulenden Motorräder, keine alles verstopfende Fahrräder, dafür gemütlich flanierende Bürger. Bei diesem Bild wird doch etwas Heimweh nach der damaligen gemütlichen Zeit wach.

Anno 1891 entstand an Stelle des alten Kornhauses das heute noch bestehende eidgenössische Postgebäude. Das ehemalige Gebäude der Kantonalbank im Vordergrund wurde durch das Merkurhaus im modernen Stil ersetzt.

Das doppelte Band der Inneren und Äusseren Aare umschliesst auch heute noch das Bälliz wie eine Insel. Für ein Familienbild konnte die ganze Strassenbreite benützt werden.

«Vom Thuner-Märit bin i cho» ... Der Markt im Bälliz bestand aus einem bunten Leben und Treiben. Hier trafen sich Landvolk, Städter, jung und alt, Händler und Zuschauer aus der nahen und weiteren Umgebung.

2621 Thun, Markt im Bälliz.

Das traditionsreiche Restaurant Steinbock, dem sich das Gebäude Drei Eidgenossen anschliesst. Unter dem Torbogen im Hintergrund befand sich das Café zur Post. Rechts davon eine Passage des Hotels Weisses Kreuz. Rührige Kaufleute hatten es schon immer verstanden, die Kunden zu einem Einkaufsbummel anzulocken, jedenfalls war Einkaufen auch bei schlechtem Wetter ein Erlebnis.

2653 Thun, Ober-Bälliz.

Auf dieser Hotelwerbekarte wurde der Falken ins günstige Licht gerückt. Dem traditionellen Familienbetrieb standen 70 Betten für die zum Teil prominenten Gäste wie Carl Zuckmayer und General Guisan zur Verfügung.

Werbekarte des Hotels zum Weissen Kreuz. Heute steht an der Stelle das Gebäude der Spar- und Leihkasse Thun. Die Karte ist auf der Rückseite als Rechnung für einen Herrn Amstutz ausgestellt. Er hatte im Dezember 1897 während 19 Tagen Mittagessen eingenommen und bezahlte dafür total Fr. 34.20. Er trank dazu an 19 Tagen je 2 dl Wein, wofür er total Fr. 4.75 bezahlte. Leider gibt es heute keinen Gasthof mehr, der Wein zu diesem Preis anbietet...

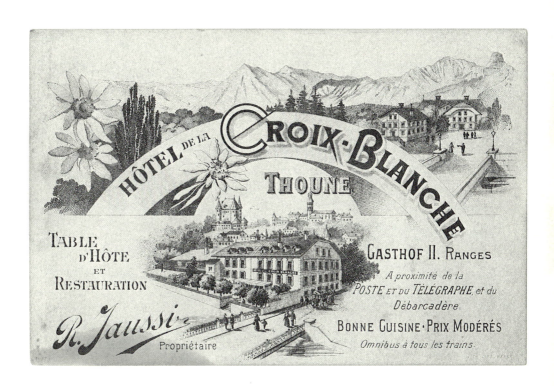

Die Kutsche bringt Reisende zur Freienhof-Ländte, wo das Dampfschiff anlegte. Zudem befand sich ein Biergarten im vorderen Teil der Freienhof-Liegenschaft. Der Freienhof wurde schon zu Anfang des 14. Jahrhunderts in Urkunden erwähnt. Das traditionsreiche Haus verfügte über 70 Betten. Der damalige Hotelier Truttmann modernisierte um 1910 die Räume.

Auf der Karte steht Linnebrücke. Es handelt sich hier aber um die Sinnebrücke, mit dem Sinneplatz, einem traditionellen Marktplatz. Hier befand sich der Fisch- und Ankenmarkt und ebenfalls die öffentliche Waage und die Eichstätte.

28. - Linnebrücke, Thun

Die Kutsche führt Reisende mit Gepäck zum Grand Hôtel Thunerhof. Vorbei am schönsten Erkerhaus unserer Stadt, dem Haus zum Rosengarten aus dem 16. Jahrhundert, renoviert 1956. Den Erkerturm errichtete der Kaufmann Hans Jakob May 1570.

Ansicht von der Scherzligbrücke her, vorbei am Gasthof zum Weissen Kreuz, Drei Eidgenossen, zum Hotel Freienhof. Der Durchgang zur Freienhofgasse war sehr schmal, deshalb musste das Haus links, das Weisse Kreuz, der Strassenerweiterung weichen.

Die Geschichte der elektrischen Strassenbahn STI von Beginn 1913 bis zum Abschied 1958 ist sicher noch vielen Tramfreunden in wacher Erinnerung. Bei der STI-Haltestelle hinter dem Hotel Beau-Rivage steigen französische Internierte aus dem Ersten Weltkrieg aus und ziehen ins Hotel ein.

Einzug der kriegsgefangenen Franzosen in Thun mit der Elektrischen Bahn Steffisburg-Thun-Interlaken 1916.

Die Geleise beim Thunerhof mussten 1915 wegen einer Überschwemmung, verursacht durch den Göttibach, von Hand freigelegt werden. Der Anhängerwagen Nr. 32 wartete geduldig auf die Weiterfahrt. Diese nicht alltägliche Situation lockte viele Zuschauer an.

Einweihung des neuen Centralbahnhofs am 1. Juni 1923 nach über 3jähriger Bauzeit. Der Beginn der Bauarbeiten hatte sich aus diversen Gründen seit 1902 verzögert, da man sich auch bezüglich des Schiffsanschlusses nicht einigen konnte. Erst drei Jahre nach der Eröffnung des Bahnhofs konnte auch der neue Schiffskanal und der Hafen in Betrieb genommen werden.

In den 20er Jahren nahm der Motorfahrzeugverkehr einen rasanten Aufschwung. Den Gästen, die per Zug anreisten, standen zur Weiterfahrt schon zur Zeit dieser Ansicht, mit Poststempel vom Dezember 1923, Autobusse zur Verfügung.

Die Ansichtskarte zeigt den ehemals ländlichen Weiler Gwatt. Die Eingemeindung der Nachbargemeinde Strättligen mit Dürrenast, Gwatt und Allmendingen erfolgte 1920. 1919 wurde die Neuordnung der Gemeinde Thun mit Stadtrat- und Urnenabstimmung Tatsache.

Bis Ende 1912 war Goldiwil eine politisch eigenständige Gemeinde und ein Kurort mit 120 Hotelbetten. Auszug aus einem Werbetext von 1907: «Höhenkurort Goldiwil, eine Stunde ob Thun. Sonnige, geschützte, nebelfreie Lage mit ausgedehnten Tannenwaldungen. Bietet in seltener Weise das milde Klima der Tiefe und die reine, ozonreiche, absolut staubfreie Luft der Höhe».

Zitat aus einer Werbung für Thun aus dem Jahre 1906:
«Ruhiger, klimatischer Kurort, gesuchte Erholungsstation für Rekonvaleszenten. Prächtige Spaziergänge in schattigen Anlagen. Sehr günstige Eisenbahn- und Dampfbootverbindungen. Gebirgs- und Gletscherwelt. Gute Strassen ohne wesentliche Steigungen für Velofahrer. Weltberühmte, wundervolle Aussicht, gibt es doch Reisende von tiefgehendem Verständnis für die Natur wie Alex. von Humboldt, die das Panorama von Thun dem von Neapel und Konstantinopel an die Seite stellen.»